ESSAI

SUR LA PROPAGATION

DE LA MUSIQUE

EN FRANCE.

(9)

ESSAI

SUR LA PROPAGATION

DE LA MUSIQUE

EN FRANCE.

(1)

ESSAI

SUR LA PROPAGATION

DE LA MUSIQUE

EN FRANCE,

SA CONSERVATION,

ET

SES RAPPORTS AVEC LE GOUVERNEMENT;

PAR J. B. LECLERC.

La musique, dirigée par la philosophie, est un des beaux présens du ciel, une des plus belles institutions des hommes. ANACHARSIS.

A PARIS,

DE L'IMPRIMERIE DE H. J. JANSEN,
RUE DES SAINTS-PÈRES, No. 1195, F. S. G.

AN 6me, DE LA RÉPUBLIQUE.

AVERTISSEMENT.

Il est pour les institutions un moment favorable, passé lequel on parviendroit difficilement à les faire prospérer. Celui de l'établissement d'une musique nationale n'est peut-être pas éloigné : il est du devoir du gouvernement de le saisir. Quand nos ennemis, forcés à la paix, nous laisseront jouir enfin du fruit de nos victoires et de notre persévérance, quand la gloire du nom françois et l'assurance d'un meilleur sort réveilleront l'enthousiasme national, toutes les ames, ouvertes aux mêmes impressions, se confondront un moment dans la même ivresse. Qu'un plan vaste soit prêt à être mis à exécution, qu'il profite de cette explosion nouvelle du sentiment, qu'il en perpétue les résultats, et crée en quelque sorte une morale uniforme dans toute l'étendue de la République.

Les vues renfermées dans l'Essai que je présente aideront peut-être à trouver le plan sur lequel il conviendra d'organiser cette nouvelle institution. Je les rédigeai l'an dernier pour le comité d'instruction publique (*) ; je les reproduis avec des augmentations, afin qu'elles ne manquent pas l'instant propice. Il en est qui paroîtront hasardées, et qui heurteront les idées de quelques artistes; mais la politique et la philosophie n'admettent aucune considération personnelle. Au reste, ce n'est point en frondeur que j'écris, c'est en homme qui cherche la vérité. Je reviendrai, sans qu'il m'en coute, des erreurs qu'on m'aura démontrées.

Je dois prévenir aussi que cet ouvrage est incomplet : ce n'est, à proprement parler, que la partie morale d'un plus grand travail; c'est le fondement de l'édifice. Le tems que j'aurois mis à tracer la partie technique et l'organisation matérielle que j'ai conçue, seroit un tems perdu, si l'on trouvoit l'entreprise vicieuse par sa base : j'attends que l'opinion m'éclaire à cet égard. C'est assez, quant à présent, d'avoir donné des développemens suffisans pour faire apprécier le mérite philosophique de mon plan, et préjuger la facilité de son exécution.

______

(*) J'érois alors employé dans les bureaux de la commission d'instruction publique.

ESSAI

SUR LA PROPAGATION

DE LA MUSIQUE

EN FRANCE,

SA CONSERVATION,

ET

SES RAPPORTS AVEC LE GOUVERNEMENT,

S_I Thémistocle donna mauvaise opinion de lui en refusant de prendre la lyre dans un festin, ce ne fut pas seulement, ainsi que le dit Cicéron, parce qu'on le regarda comme un homme qui avoit été mal élevé : quelques écrivains font de ce refus la matière d'un reproche bien plus grave ; ils disent (1) que ses contemporains crurent que le mépris d'un art au-

A 4

quel ils attribuoient le pouvoir d'adoucir les mœurs, l'avoit rendu incapable de réprimer les désordres des Cynétiens (2).

Que cette conjecture soit fondée ou non, on convient généralement que la musique fut le premier moyen dont les fondateurs des états se servirent pour apprivoiser les hordes barbares, les soumettre à des loix, et les façonner à tel ou tel genre de gouvernement. Les Chinois, les Egyptiens, les Grecs, et tous les peuples qui ont joui de quelque célébrité, regardèrent cet art comme un des plus fermes appuis de la religion et des mœurs, et le firent entrer dans les loix principales de l'état : mais ce fut autant pour en saisir la direction que pour le protéger ; car ils ne tardèrent pas à s'appercevoir que, si l'on n'y prenoit garde, il tendroit naturellement à la destruction de son propre ouvrage.

Les Chinois lui posèrent des limites qu'il n'a pas encore franchies (3) ; les Egyptiens en retranchèrent ce qu'il avoit de corrupteur, et bannirent toute espèce d'innovation (4) ; les Grecs le surveillèrent et lui défendirent d'accueillir aucune découverte sans la participation des magistrats (5) ; enfin, les Druides en firent une science mystérieuse (6), ils s'en réservèrent l'étude, et n'en transmirent que la pratique aux Bardes (7), instrumens de leur domination.

La musique perfectionna ou corrompit les nations, selon que les gouvernans se proposèrent leur liberté ou leur asservissement. Sous le règne des tyrans, elle énerva et fit des esclaves ; sous l'empire des mœurs, elle trempa l'ame et fortifia l'amour des vertus et de la patrie.

Quoique les loix constitutives des peuples modernes semblent avoir dédaigné son influence, la musique n'en exerce pas moins sur nous le même empire que sur les anciens, et nous ne craignons pas de dire qu'elle a plus de part qu'on ne l'imagine à l'état actuel du monde politique.

Si les despotes qui subjuguèrent les Gaules et la Germanie, et ceux qui profitèrent par la suite de l'usurpation de leurs prédécesseurs, ne la firent pas entrer dans les statuts bisarres qu'ils décorèrent du beau nom de droit public, ils s'en servirent cependant avec avantage.

Dans les premiers siècles, où l'ignorance leur donnoit des sujets pliés au joug par le christianisme, ils alimentèrent la superstition au moyen de la mélodie (8) ; mais ils donnèrent une grande marque d'imprévoyance en laissant altérer la simplicité des premiers chants, et en souffrant qu'on introduisît l'harmonie dans les temples (9). Ces perfectionnemens, qui tournèrent d'abord au profit de la religion, lui portèrent ensuite de funestes atteintes. Surpris eux-mêmes par ce moyen de séduction, les princes le mêlèrent dans leurs plaisirs; et la musique n'étant plus réservée aux louanges de l'Eternel, se permit des licences qui amenèrent successivement l'art au point où il est aujourd'hui.

Dès long-tems avant qu'il eût agrandi son pouvoir en multipliant ainsi ses moyens, la soumission de certains peuples en avoit déja été ébranlée.

La poésie ayant paru sur les traces de la mélodie, quelques traits de lumière qui les suivirent de près dessillèrent les yeux et rendirent les hommes impatiens du joug. On jeta des regards sinistres sur les rois, tandis que les chanteurs furent accueillis avec transport. Ceux-ci se prévalurent de leur influence, et prirent un ascendant qui fit ombrage aux puissances; enfin, graces à la musique, il y eut une époque à laquelle un peu d'audace auroit suffi pour affranchir l'Irlande du joug de ses tyrans (10).

Dans la suite, les bardes furent expulsés,

et la musique erra de village en village avec les trouvères. Long-tems après la renaissance des arts, elle n'exerçoit point encore, si je puis m'exprimer ainsi, de fonction publique ailleurs que dans les églises. Ses progrès étoient déja considérables lorsque les spectacles furent institués (11). Alors les papes reconnurent qu'ils se serviroient utilement des théâtres lyriques pour contenir un peuple pantomime, fantastique, et toujours dupe de son imagination. Ils protégèrent les farceurs, d'abord sous main, ensuite plus ouvertement. L'art recula ses limites, les talens se multiplièrent, et bientôt l'Italie fournit des virtuoses à tous ses voisins, sans doute parce que sa musique, plus molle que les autres, secondoit davantage les vues des despotes. Les énergiques accords des Allemands n'étoient pas assez corrupteurs : les cours de Vienne et de Berlin eurent recours aux compositeurs de Rome et de Naples. Dresde, Manheim, Munich, Stutgard, etc., marchèrent sur leurs traces ; et la musique nationale, réduite à la symphonie, n'eut pas assez de force pour contrebalancer le dangereux effet des ariettes. La cour de Londres feignit que la langue angloise ne pouvoit se plier à la mélodie ; la musique italienne fut

introduite, et les membres du parlement quit·
tèrent brusquement les intérêts les plus pres·
sans de l'état pour aller juger la cantatrice
nouvelle. L'Espagnol lamenta des complain·
tes ou soupira des hymnes à l'amour. Enfin,
le François, toujours inconséquent, applau·
dit · au théâtre les plus basses flatteries, et
déchira dans ses vaudevilles les mêmes per·
sonnes auxquelles s'adressoit l'encens de Lulli
et de ses successeurs.

Au milieu de cette insouciance, les rois
agrandissoient leur pouvoir, et seroient peut-
être parvenus à le consolider, s'ils n'avoient
eu l'aveuglement de le croire inébranlable;
mais ils se fièrent trop aux plaisirs énervans
qu'ils avoient fournis aux peuples pour leur
faire aimer l'esclavage. Les philosophes,
comptant les fautes du despotisme, et le suivant de l'œil sur les bords du précipice où
il couroit à grands pas, épièrent le moment
de l'y précipiter; et la musique aida la philosophie dans la préparation de ce moment
glorieux. Antoinette, cédant à l'orgueil national, attira en France le célèbre Allemand
qui créa chez nous la musique dramatique;
en cela elle fit une imprudence. Ce n'est
point une erreur de dire que la révolution
opérée par Gluck dans la musique auroit dû

(13)

faire trembler le gouvernement (12) : ses accords vigoureux réveillèrent la générosité
françoise ; les ames se retrempèrent, et firent
voir une énergie qui éclata bientôt après : le
trône fut ébranlé. Les amis de la liberté se
servirent à leur tour de la musique ; elle em-
ploya les accens mâles auxquels le compositeur allemand l'avoit accoutumée. Le Champ-
de-Mars fut construit au son des clarinettes,
l'*Hymne des Marseillois* vainquit sur les frontières, les chants civiques apprirent au peuple qu'il avoit une patrie, et l'amour de la liberté devint un sentiment.

Cependant le catholicisme régnoit toujours
dans les campagnes, où la musique primitive
n'étoit point altérée. Les prêtres et les nobles
dirent, « ces hommes sont encore à nous ; »
et la Vendée naquit.

Que les personnes curieuses de connoître
l'origine des choses ne cherchent point ailleurs la source de cette affreuse guerre. Non-
seulement c'est avec le secours de cet art
qu'on a si long-tems nourri le fanatisme des
rebelles ; non-seulement leurs longues com-
plaintes sur la perte du culte, et les airs
mélancoliques auxquels de mauvais poëtes
avoient ajusté des rimes grossières, leur ont
plus fait gagner de batailles que l'habileté de

leurs généraux, mais encore ils n'auroient jamais pris les armes s'ils n'eussent eu à regretter les airs d'église qui faisoient autrefois
leurs délices. Tous ceux qui ont étudié leurs
mœurs seront convaincus que ce fut la cause
la plus réelle de leur rebellion, quoiqu'elle ne
soit pas la plus apparente.

Qui ne sait, en effet, que c'est principalement par cet attrait que les hommes de la
campagne sont enchaînés à leur culte ? Qu'on
se rappelle la préférence qu'ils accordoient
autrefois à tel ou tel prêtre selon qu'il chantoit plus ou moins bien, la solitude des églises où, faute de chantres, on étoit obligé de
faire l'office à basse voix, et la grande considération dont jouissoit celui d'entre eux que
la nature avoit doué d'une voix sonore, sur-
tout s'il étoit assez heureux pour savoir quelques notes de plain-chant. Cela ne prouve-t-il
pas évidemment que, sans qu'ils s'en doutas-
sent, la mélodie étoit la cause principale de
leur attachement à une religion qui d'ailleurs
n'offre que des dégoûts ?

On sait, au surplus, que c'est de cette
manière que l'amour de la musique s'est in-
sinué dans les plus grandes villes. Le chant
d'église plut exclusivement (13) avant que des
chants plus mélodieux et plus savans fussent

assez multipliés pour en détruire l'effet. La seule différence qui subsiste entre Paris et les hameaux, c'est que ceux-ci sont en retard de quelques siècles. N'ayant ni des spectacles plus pompeux que les cérémonies catholiques, ni des airs supérieurs à l'*O filii,* au *Stabat,* au *Vexilla,* et aux autres romances pieuses qu'ils entendent dans leurs églises, ne faut-il pas bien qu'ils les préfèrent ? et doit-on être surpris que, cédant à l'illusion qui venoit à l'appui de ce motif caché, ils aient sacrifié leur vie pour les recouvrer ?

Je suppose qu'un tyran eût fermé, il y a dix ans, tous les spectacles, et qu'il eût dit aux habitans de Paris : Vous ne reverrez plus les danses de l'opéra ; vous n'entendrez plus les chefs-d'œuvre de Racine et de Molière ; je vous interdis toute espèce de concert, même dans vos maisons ; je vous défends, sous peine de mort, de chanter les airs gracieux de Grétry, de Philidor, de Piccini, de Sacchini, et de faire entendre les accens énergiques de Gluck : jamais ils ne retentiront dans vos ames, et il ne me plait pas d'y rien substituer. Qu'on soit de bonne foi dans sa réponse : si quelque ambitieux eût profité de ce caprice pour réveiller les autres sujets de

mécontentement et fomenter une insurrec-
tion, n'eût-il pas trouvé sur-le-champ trente
mille hommes prêts à lui obéir ? Eh ! combien de fois n'a-t-on pas craint que la querelle entre les *gluckistes* et les *piccinistes* ne
dégénérât en une discorde civile ? Cependant
il n'étoit pas question de priver les bons Pa-
risiens de leurs plaisirs ; il ne s'agissoit que
de la prééminence entre deux compositeurs.

Si la musique est utile à tous les peuples,
elle est indispensable à ceux qui ont déja con-
nu les jouissances qu'elle procure. Il en faut
une à Paris, dans les villes, dans les villages, et jusque dans les hameaux les plus reculés de la République. Ne le voulût-on pas,
elle y pénétreroit : mais il y a tout à gagner
dans l'initiative, et le gouvernement doit en
profiter.

S'il en a le devoir, il en a aussi la puissance.

Les pays les plus sauvages sont accessibles
aux sensations qui découlent de cet art, et
tous les hommes y ont, à peu de chose près,
la même aptitude. La musique naquit avec
le genre humain : qu'on la cultive ou non,
son empire est toujours assuré ; seulement
elle diminue ses moyens à mesure qu'elle agit
sur des êtres plus près de la nature. Ici le
compositeur

compositeur emploie un orchestre nombreux et une harmonie savamment combinée ; ailleurs, le chant le plus simple et les seuls accens du hautbois suffisent.

Philosophiquement parlant, cette différence est toute à l'avantage des gens de la campagne ; mais elle présente des résultats qui ne permettent pas à la politique de la laisser subsister.

Toute institution nationale qui a les mœurs pour objet doit être combinée sur un plan vaste, et organisée de manière que son influence soit égale pour tous les individus qui composent le corps social.

Le problême à résoudre est donc celui-ci :

Rétablir l'équilibre entre les habitans des villes et ceux des campagnes ; c'est-à-dire, trouver le point intermédiaire où il faut que la musique parvienne et s'arrête, de manière qu'en faisant avancer les uns et rétrograder les autres, elle puisse devenir commune à tous.

Mais, avant de chercher la solution de ce problême, il est bon d'examiner, d'une part, s'il s'accorde avec la simplicité, les habitudes et les travaux champêtres, et si, d'un autre côté, ce n'est pas anéantir l'art que de le faire revenir sur ses pas. Dans le cours de

cet examen nous jeterons un coup-d'œil rapide sur l'état actuel de la musique. En dernière analyse, nous y trouverons deux parties bien distinctes : l'une corruptrice, et
déja trop dépravée pour espérer qu'elle se
régénère ; l'autre encore assez pure pour mériter protection. Si la prudence ne permet
pas de bannir la première, au moins n'y aura-
t-il pas d'inconvénient à l'abandonner, si l'on
peut s'exprimer ainsi, à son malheureux sort,
tandis que la seconde sera conservée pour la
prospérité commune.

Des développemens rendront ceci plus clair.
En attendant, il est bon de démontrer l'aptitude de tous les François à la musique.

C'est une erreur de croire que la nature
nous ait refusé les dispositions qu'elle paroît
avoir prodiguées à d'autres peuples. Le philosophe qui soutint jadis que la langue françoise étoit ennemie de la musique, abjura ce
système lorsqu'il eut entendu les sublimes
compositions de Gluck. Les personnes qui
appliquent la même erreur aux organes soi-
disant grossiers de nos paysans, l'abjure-
roient à leur tour si elles jetoient un coup-
d'œil attentif sur les différentes parties de la
République.

Qui n'a souvent été charmé, dans se

voyages, des chants des bergers et des laboureurs? Qui ne connoît la douceur des chansons provençales, et qui n'est ravi d'entendre sur nos théâtres les airs montagnards que des compositeurs modernes y ont transportés sans presque y faire aucun changement (14)? La facilité avec laquelle le peuple retient, sans le secours des notes, des airs quelquefois assez difficiles, la gaîté qu'une chanson ou un air de vielle répandent dans une assemblée, enfin l'amour que les François ont pour la danse, ne sont-ils pas autant d'indices des dispositions que nous apportons en naissant pour la musique? Tout, depuis le galoubet jusqu'à la musette, depuis les farandoles jusqu'aux danses bretonnes, prouve qu'il ne manque aux François que de l'instruction pour avancer, autant qu'aucun autre peuple, dans un art dont le premier maître fut la nature, mais dont les hommes ont fait une science.

Eh! ne faut-il pas que le goût de la musique soit bien enraciné dans les campagnes, puisqu'il n'a pu en être entièrement banni par le régime de fer qui a pesé sur elles durant tant de siècles?

Contentons-nous d'en citer un exemple frappant, pris dans la partie de la France

la plus agreste, l'une des plus accablées jadis sous le poids des nobles, et la plus dé-
chirée aujourd'hui par nos dissentions ci-
viles.

Qui croiroit que la musique est en honneur
dans ce qu'on appeloit autrefois le Bas-Poitou,
et qu'elle y est un art utile aux agriculteurs?
Il ne suffit pas d'être jeune et robuste pour y
cultiver la terre : l'ouvrier le plus recherché
du laboureur, et dont les gages sont portés
au plus haut prix, est celui qu'ils nomment
dans leur langage *le noteur*. Ses fonctions
principales ne sont ni de tenir la charrue ni
de manier la bêche, mais de chanter pendant que les bœufs tracent péniblement leurs
sillons.

Les chants du *noteur* ne sont par des airs
réguliers : c'est une mélodie improvisée qui
se compose d'une suite de sons purs, souvent prolongés avec art, et d'accens variés
à l'infini, quoique sur un petit nombre de
cordes.

Le peu d'étendue de la gamme que les noteurs parcourent dans cette espèce de musique, lui donne un caractère mélancolique,
qui convient tout à la fois au pays et au peuple qui l'habite. Qu'on se figure un sol glai-
seux, et par conséquent un air épais, un

terrain couvert de bois, entrecoupé de collines et parsemé de landes, des habitations éloignées les unes des autres, des étangs au lieu de rivières, et nul autre moyen de communication que des chemins de traverse; qu'on ajoute à ces causes physiques de tristesse celle qui résulte d'une tyrannie de plusieurs siècles, sous une noblesse devenue célèbre par ses atrocités : on sentira que, dans un tel pays, tout doit porter l'empreinte de la rêverie. C'est peut-être pour cela que le chant des noteurs n'a pas le caractère de la gaîté ; peut-être aussi cette apparente tristesse est-elle une convenance indiquée par la nature, un rapport harmonique avec la marche lente, pénible, uniforme, des bœufs, et l'effort du cultivateur dont la main dirige laborieusement le soc dans le sein d'une terre épaisse et difficile à déchirer. Quoiqu'il en soit, les paysans y sont passionnés pour cette mélodie ; ils croient qu'elle dissipe l'ennui de leurs bœufs ; mais c'est bien plutôt sur eux qu'elle agit ; c'est pour eux qu'elle est devenue un besoin, sur-tout dans la saison des labours, vers la fin de l'automne, où un horison nébuleux commence à exciter des regrets sur la perte des jouissances de l'été, où dans tous les pays les hommes sont naturellement disposés à la mélancolie, mais où elle semble principalement avoir assis son domaine au fond des vallons et au milieu des ombres épaisses de ce pays encore gothique. C'est pour ses rustiques habitans que les noteurs se répondant d'une colline à l'autre, font retentir les échos du son de leurs belles haute-contres, et attestent, par cette espèce de communication, que leur solitude n'est pas un désert.

Ce fait est sans doute bien remarquable : mais il a dû, comme beaucoup d'autres de la même nature, glisser sur l'esprit des observateurs superficiels (15). Nous en conclurons que, si l'on examinoit attentivement tous les départemens, on y pourroit faire des découvertes aussi curieuses ; que le goût de la musique existe souvent où on croiroit qu'il ne pénétra jamais, et qu'il n'est aucun asyle inaccessible aux lumières et aux arts, puisque la mélodie est en vénération parmi des hommes taxés d'une stupidité capable de faire croire qu'ils n'avoient qu'une organisation imparfaite (16).

Dans aucune partie de la République les François n'ont moins de délicatesse et de sensibilité que les Suisses et les Allemands. Si ces peuples ont fait quelques pas de plus en musique, c'est qu'on leur a donné une édu-

cation qui nous manque. Lorsque, dans toutes les écoles publiques des villages comme
des villes, on enseignera aussi cet art à nos
enfans, en même tems qu'on leur apprendra
à lire et à écrire, en peu d'années la France
laissera bien loin derrière elle et la Suisse et
l'Allemagne.

Mais cela peut-il se faire sans nuire à la simplicité des mœurs champêtres ?

Ah! que nous avons de la musique une idée
bien différente des anciens, si nous en doutons un moment (17)! Il est vrai que nous ne
la connoissons encore que par ses vices; et
certes, si je ne voyois en elle que l'effrénée
qui se prostitue sur nos théâtres (18) et dans
nos salons, je me garderois bien de l'introduire dans les campagnes ; mais c'est une
jeune vierge que je propose au lieu d'une
bacchante.

Un village sera-t-il dépravé, parce qu'un
corps de musique composé de dix ou douze
instrumens militaires embellira ses fêtes et
réglera la marche de sa garde nationale ? Et
quel inconvénient y auroit-il à ce que chaque
arrondissement possédât en outre quelques
chanteurs pour exécuter les hymnes patriotiques, et que la plus grande partie des habitans eût l'oreille assez exercée pour mêler

sa voix à des chœurs simples et faciles ? Ne doit-on pas désirer encore que le jeune homme, en vaquant à son travail, et la jeune fille, au milieu des soins domestiques, adoucissent les peines de leurs parens par des chansons tout à la fois morales et gracieuses, et trouvent dans ce premier exercice de leur sensibilité naissante une distraction utile, ou plutôt d'agréables leçons et un moyen facile de diriger vers un but heureux des passions prêtes à se développer ? Non, la villageoise ne sera pas moins vertueuse, lorsqu'elle saura chanter avec plus de pureté des romances qui consacreront le souvenir des actes de vertu de ses compatriotes ou de ses ancêtres ; et la facilité d'apprendre à jouer sur la clarinette ou le hautbois un air militaire ou une gavotte ne rendra le jeune homme ni moins bon fils, ni moins bon citoyen, ni même moins assidu à son travail. Au contraire, celui qui, se sentant de l'attrait pour un instrument, trouvera le moyen d'en connoître le mécanisme, perdra beaucoup moins de tems que l'apprentif ménétrier qui, emporté jadis par le même désir, s'opiniâtroit à deviner, sur un violon discord ou sur un hautbois criard, des airs qu'il défiguroit encore après de longs et pénibles efforts.

Les Allemands et les Suisses, dont nous avons parlé précédemment, sont les peuples les plus moraux et les plus agricoles de l'Europe : cependant ils sont musiciens ; et leur musique n'est ni aussi pure dans son objet, ni aussi bien surveillée, que celle que nous proposons.

Plus pure dans son objet, elle sera chargée de nous conduire par le plaisir à la pratique de toutes les vertus publiques et particulières ; et, pour qu'elle ne s'écarte jamais de ce but, les loix lui prescriront des limites, des réglemens détermineront sa marche, et il y aura une magistrature spécialement chargée de l'exécution de ces loix et de ces réglemens.

Nous en bannirons non-seulement ce qu'elle a de nuisible, mais encore ce qui est oiseux et insignifiant. Afin qu'elle devienne, je ne dirai pas plus expressive ni plus imitative, la musique n'imite qu'imparfaitement et n'exprime que les généralités (19), mais plus positive, plus inspiratrice, nous la rendrons inséparable de la poésie, sans laquelle elle nage presque toujours dans le vague. Nous exclurons, à l'exemple de Platon, la musique purement instrumentale ; c'est-à-dire que nous ne souffrirons point qu'il soit joué de

marches à la tête des bataillons de garde nationale, ni d'airs de danses au milieu des fêtes publiques, si ces airs n'ont été originaire-
ment composés sur des paroles ayant un objet moral et politique.

Une marche militaire, quelque bien carac-
térisée qu'elle soit, ne détermine pas assez
les idées (20). La vertu guerrière a des modi-
fications que la poésie seule peut préciser, et
que la musique doit se charger d'insinuer dans
les ames. Ainsi l'*Hymne des Marseillois* son-
ne l'alarme contre les despotes et les traîtres,
soulève notre indignation à la seule idée de
recevoir d'autres loix que celles de la République; et arme tous les bras pour la liberté.
L'air *Ça ira* (*) inspire cette joyeuse confiance qui naît du sentiment de ses forces.
Il prélude la victoire, et les fêtes qui la sui-

(*) Il est inutile d'observer que je ne cite pas cette chanson comme un modèle de poésie ; mais puisque je m'en sers comme d'un
exemple frappant du pouvoir de la musique, lorsque le sens en
est déterminé par des paroles, je dois m'expliquer, et prévenir
que je n'entends parler que du véritable sens de celles-ci, qui n'a
jamais été le littéral. En effet, qu'on soit de bonne foi ; quel est
le François qui ait pris à la lettre la menace qu'elles renferment?
Pourquoi les répétoit-on d'un concert unanime au milieu des travaux du Champ-de-Mars? D'où venoit le transport universel que
cet air excitoit dans les spectacles, et sur-tout au Théâtre Fran-

vront. Le *Chant du Départ* ouvre une nouvelle campagne. Les François volent à d'autres triomphes ; ils s'arrachent des bras de
leurs mères et de leurs épouses, ou plutôt ils
reçoivent d'elles l'exemple du courage. Les
vieillards et les enfans leur envient la gloire
dont ils vont se couvrir. Ce sont les adieux de
Spartiates ; c'est le dévouement à la République. Retranchez-en les paroles, ces trois morceaux ne seront plus que des marches utiles à
la manœuvre comme celles des Autrichiens; le
souvenir des couplets, au contraire, allume
le sang, perpétue l'héroïsme, et donne à la
patrie plus que des combattans. D'autres airs
également aidés de la poésie inspireront à
leur tour la patience dans les fatigues et les
privations, l'amour de la subordination et de
la discipline, le désir de l'instruction, la so-

çois, pendant les nombreuses représentations de *la Liberté con-
quise* ? C'est que le sang ne couloit pas à cette époque, l'énergie
étoit pure, l'idée du meurtre ne s'y mêloit point ; en un mot, on
apprécioit à sa juste valeur une plaisanterie de mauvais goût,
pour ne s'attacher qu'au véritable sens, *ça ira, la liberté s'éta-
blira, malgré les tyrans tout réussira.* On sait, au surplus, que
le mot *ça ira* est respectable par son origine ; nous l'avons em-
prunté du célèbre Franklin. C'étoit son expression favorite dans le
plus fort de la révolution d'Amérique.

briété, le sang-froid dans le danger, l'ardeur dans le combat, et la générosité après la vic-toire (21).

Il en sera de même des danses consacrées aux fêtes publiques. Il y en aura d'appropriées à chacune de ces fêtes, et un certain nombre de communes à toutes. Dans les unes comme dans les autres régnera une morale gracieuse compatible avec la gaîté. Leur recueil, joint à celui des hymnes et des chants civiques, formera, si l'on peut parler de la sorte, une liturgie composée d'un assez grand nombre de pièces pour qu'il en résulte une variété qui fasse désirer leur retour, et ce retour sera assez fréquent pour que tous les morceaux qui composeront le recueil deviennent familiers à tous les citoyens.

Nous aurons, à l'exemple des Grecs, des chansons pour les diverses professions et pour des occasions particulières, comme le ma-riage, la naissance d'un fils, la mort d'un pa-rent (22), le retour d'un ami, etc. Nous en aurons aussi pour l'amour, ce sentiment qu'il est si moral et si politique de bien diriger. Nous cacherons sous ses propres attraits la morale qui doit l'épurer, nous en ferons une vertu ostensible, au lieu qu'on ne nous l'a

montré jusqu'ici que comme une passion fur-
tive, et alors nous aurons opéré une grande
révolution dans les mœurs.

On voit que de pareilles institutions con-
viendront également aux villes, aux campagnes, au nord, au midi, et à toutes les
parties de la République. C'est ce qu'il faut,
quoique les dispositions ne paroissent pas les
mêmes par-tout. S'il arrive que les progrès
soient un peu plus tardifs dans un endroit
que dans l'autre, le tems applanira ces iné-
galités, et il en résultera d'ailleurs un avantage incalculable.

C'est à la diversité des loix et des habitudes, encore plus qu'à celle de la tempéra-
ture et du sol, qu'il faut attribuer la variété
qu'on remarque dans le génie et les mœurs
des habitans de la France. En imprimant à
tous les cœurs un mouvement simultané, en
leur donnant une direction uniforme, on par-
viendra à mettre de l'unanimité dans les passions. C'est spécialement à la musique qu'il
appartient de consommer cet important ouvrage. Qu'elle agisse par les mêmes moyens
sur toute la circonférence, qu'elle attire toutes les parties divergentes au point central
où il est nécessaire qu'elles tendent; insensiblement l'emportement des méridionaux,

le flegme de quelques habitans du nord,
l'opiniâtreté bretonne, la légéreté qu'on trouve ailleurs, et toutes les nuances intermédiai-
res, disparoîtront pour faire place à un caractère national unique.

Prétendre qu'il faudroit avoir une musique ou une méthode d'enseignement appro-
priée au génie de chaque contrée, ce seroit
comme si on proposoit de conserver la multiplicité des idiomes, qui mettent, en quelque sorte, une barrière entre les frontières et
le centre de la République.

Toute différence, même entre les habitans
des villes et ceux des campagnes, est réprou-
vée, tant par les principes d'égalité qui font
la base de notre gouvernement, que par la nature des choses.

Il est certain que le corps social n'est jamais plus robuste que quand il est composé
de parties homogènes, et c'est sur-tout dans
la morale que cette homogénéité est nécessaire. La fraternité soutient les états libres,
et la fraternité naît du partage des affections.
Comment donc pourroit - il être possible de
mesurer d'une manière différente ou inégale
l'influence d'un art dont l'effet est d'agir sur
les affections ?

Les prêtres, que nous citerons encore en

cette circonstance, avoient senti la nécessité de cette uniformité d'action. A quelques exceptions près, les chants d'église étoient les mêmes par-tout, et les villes n'avoient point à cet égard de préférence sur les villages. L'habitant du midi et l'homme riche trouvoient dans le nord et dans les hameaux le même aliment à leur ferveur que l'habitant du nord et le campagnard retrouvoient à leur tour dans le midi et dans les cités, lorsque le hasard les y transportoit; et cette espèce de communion contribuoit plus qu'on ne pense à resserrer le lien moral qui les enchaînoit à leur culte et en étendoit le domaine.

Ayons donc, comme les prêtres, une liturgie commune à tous.

Un cultivateur arrive au milieu d'une fête civique célébrée dans une cité populeuse; si les chants qu'il y entendra lui sont absolument étrangers, s'il est contraint à rester muet, son émotion sera bien moins vive que s'il peut y mêler sa voix, et s'il reconnoît les airs que les hautbois de son village lui ont déja fait entendre.

Qu'un habitant de la ville aille à son tour dans la demeure du cultivateur, et qu'il y assiste à des jeux publics, combien ne sera-t-il pas ravi d'y entendre chanter avec justesse des hymnes patriotiques , accompagnés par une symphonie simple et peu nombreuse , mais si harmonieuse et si pure , qu'à peine il s'appercevra de l'absence des artistes habiles qui charmoient ordinairement son oreille !

Alors l'égalité ne sera plus une chimère pour le villageois ; il ne rougira plus , comme à présent, du peu de solemnité de ses assemblées. L'un et l'autre se félicitera de ce que les vertus républicaines pourront être célébrées dignement dans tous les coins de la République, et un François ne sera plus étranger dans la France.

Et qu'on ne craigne pas qu'il soit impossible d'amener les habitans de la campagne à ce point désirable. On verra bientôt que les moyens d'exécution ne manqueront pas. A la vérité, il nous faudra de la patience et du tems ; mais toute objection qui n'est fondée que sur la durée est nulle. Suivons donc notre marche sans compter les années : voyons quel est le degré de pureté qu'il importe de rendre à la musique pour qu'elle soit utile aux habitans des villes , et soyons assurés que les villageois l'obtiendront sans beaucoup de peine.

Avant la révolution, nous n'avions, à proprement

prement parler, que deux sortes de musique :
la musique purement instrumentale, telle que
les symphonies, quatuor, trio, pièces de clavecin, etc.; et la musique dramatique, dans
laquelle nous croyons pouvoir envelopper tout
ce qui étoit musique vocale : car la chanson
elle-même ne parvenoit plus au public qu'après
avoir été applaudie sur la scène, ou bien en
prenant tellement le caractère de l'ariette,
que lorsqu'on entendoit des couplets, il étoit
rare qu'on ne demandât pas de quel opéra ils
étoient tirés.

Nous avons dit notre opinion sur la musique purement instrumentale, nous allons
nous expliquer aussi franchement sur la musique dramatique.

C'est sur-tout au théâtre que cet art s'est
dépravé de plus en plus, et qu'il s'éloigne chaque jour davantage du caractère que le législateur a droit d'en exiger pour le perfection-
nement des mœurs.

Le but de la musique doit être de rétablir
l'équilibre entre nos passions, en modérant
celles dont l'excès seroit nuisible, et en ex-
citant celles dont les effets peuvent être sa-
lutaires. Sur la scène, son devoir est de les
exprimer toutes sans discernement et sans
choix. La jalousie, la haine, la vengeance et

C

l'amour lascif, sont les sentimens dont la peinture lui attire le plus d'applaudissemens ; encore est-il rare qu'elle emploie les couleurs qui conviennent le mieux à son sujet : le plus souvent elle met la terreur à la place de l'énergie ; ou bien, compagne fidelle d'une poésie dégénérée, elle partage sa licence, et, comme elle, ayant perdu les grâces de l'innocence, elle se surcharge de parure, et substitue la séduction aux charmes naturels. Dans tous les genres, il est reconnu parmi les philosophes et les artistes eux-mêmes que la musique se livre à des écarts qui font craindre qu'elle ne marche à grands pas vers sa décadence (23). L'avidité du public pour les nouveautés, et la facilité que trouvent les compositeurs à l'étonner par des combinaisons extraordinaires, ont produit cette licence d'orchestre qui souvent dégénère en bruit, gâte l'oreille et fait perdre le goût d'une harmonie pure. Tout l'effort de l'art est confié à l'accessoire, la mélodie est presque dédaignée, et l'organe que la nature nous a donné pour exprimer nos affections est le moyen dont nos musiciens actuels semblent tirer le moins de parti (*). Aussi a - t - on tellement multi-

---

(*) Il y a tel opéra dont on pourroit supprimer toute la partie

plié les instrumens, que le plus petit opéra comique peut à peine être joué dans quatre ou cinq des plus grandes villes de la République.

Au reste, nous nous félicitons de cette impossibilité. Quelque chose qu'on fasse pour épurer le drame lyrique, il se sentira toujours trop de la corruption dans laquelle il s'est jeté, pour mériter jamais une place dans nos fêtes publiques.

Ce n'est pas cependant que nous pensions qu'on ne pût introduire, même dans les campagnes, une sorte de drame dont le but seroit de reproduire à certaines époques les faits les plus mémorables de la révolution, et auxquels la musique et la poésie prêteroient un grand secours. Ces drames, tels que nous les concevons, devroient être exécutés par les citoyens eux-mêmes. S'il étoit de notre sujet d'entrer à cet égard dans quelques détails, nous citerions les contrées de la République où naguère les paysans jouoient encore les mystères (24). Ces farces avoient pour eux un attrait tel qu'on en pourroit raisonnablement conclure qu'en les dirigeant vers des objets plus

---

chantante sans en affoiblir l'effet. L'acteur n'auroit qu'à faire les gestes, l'orchestre parleroit suffisamment pour lui.

C 2

agréables, ils y réussiroient aussi facilement.
Nous offririons même pour modèle un essai
qui a réussi sur le théâtre des Arts. Otez au
Chant du Départ son ouverture, et simpli-
fiez-en les accompagnemens, alors il n'y aura
pas de village ayant une garde nationale où
on ne puisse le faire exécuter. Cette indica-
tion suffit pour l'instant ; nous nous borne-
rons à observer que si l'on juge à propos de
mêler ces sortes de drames aux jeux publics,
la musique qui entrera dans leur composition
portera nécessairement le caractère de simplicité qui fera leur propre essence. Ce sera
en quelque sorte un genre à part, qui n'aura
rien de commun avec nos spectacles, si ce
n'est peut-être que son influence contribuera,
sinon à les épurer, au moins à les empêcher
de se corrompre davantage, et nous n'en
persistons pas moins à penser que la musique dramatique n'est point celle qui nous
convient.

La révolution a créé un nouveau genre,
que nous devrions appeler *hymnique*, afin
de lui conserver le caractère auguste qu'il
doit avoir : c'est celui-là que nous proposons
de consacrer exclusivement à la musique nationale.

Les anciens, dit Plutarque, *comme ceux*

qui principalement faisoient compte des mœurs, préféroient et estimoient davantage la façon de la musique grave, non curieuse et affectée. On lit, dans les *Entretiens sur la musique grecque*, que les airs sacrés du poëte Olympe, qui vivoit environ neuf siècles avant le célèbre Timothée, ne rouloient que sur un petit nombre de cordes, et qu'ils faisoient le désespoir des compositeurs modernes. . . . .

«En ce moment, est-il dit plus loin, des chants mélodieux frappèrent nos oreilles. On célébroit ce jour-là une fête en l'honneur de Thésée. Des chœurs composés de la plus brillante jeunesse d'Athènes se rendoient au temple de ce héros ; ils rappeloient sa victoire sur le Minotaure, son arrivée dans cette ville, et le retour des jeunes Athéniens dont il avoit brisé les fers. Après les avoir écoutés avec attention, je dis à Philotime : Je ne sais si c'est la poésie, le chant, la précision du rhythme, l'intérêt du sujet, ou la beauté ravissante des voix, que j'admire le plus ; mais il me semble que cette musique remplit et élève mon ame. — C'est, reprit vivement Philotime, qu'au lieu de s'amuser à remuer nos petites passions, elle va réveiller jusqu'au fond de nos cœurs les sentimens les plus honorables à l'homme, les plus utiles à la société, le courage, la reconnoissance, le dévouement à la patrie : c'est que de son heureux assortiment avec la poésie, le rhythme, et tous les moyens dont vous venez de parler, elle reçoit un caractère imposant de grandeur et de noblesse ; qu'un tel caractère ne manque jamais son effet, et qu'il attache d'autant plus ceux qui sont faits pour le saisir, qu'on leur donne une plus haute opinion d'eux-mêmes. »

L'auteur de cet ouvrage, qui n'est autre chose qu'un fragment d'Anacharsis, et tous les écrivains grecs ou modernes qui ont parlé de la musique des anciens, ne cessent de nous représenter leurs hymnes comme des modèles dont nous ne pouvons trop regretter la perte.

Bien des philosophes et des artistes se sont égarés dans la recherche de ce sublime qui ne va point sans la simplicité, de ce vrai beau toujours d'accord avec la morale, et qui n'est malheureusement pour nous encore qu'un beau idéal. Peut-être n'est-il pas compatible avec notre système de musique moderne ; peut-être aussi cette découverte tient-elle à peu de chose, et quelque heureux génie la pourra faire un jour : mais c'est une entreprise qui ne peut être confiée à la musique nationale ; il en résulteroit des efforts qui la jeteroient dans la versatilité, et le règne de la mode doit être passé pour elle. Des raisons morales et politiques que nous déduirons bientôt, exigent qu'elle ne s'éloigne plus du point où nous la saisirons. Nous ne serions pas embarrassés dans le choix de ce point, quant à la mélodie, s'il étoit possible de déterminer un type ; il y auroit de l'ingratitude à ne pas prendre l'*Hymne des Marseillois* ; c'est à lui qu'il appartiendroit d'être le créateur d'un nouveau genre, comme il le fut en quelque sorte de nos phalanges républicaines : mais nous pensons qu'il n'y a rien à prescrire à cet égard, si ce n'est la majesté, l'énergie et la simplicité. Quant à l'harmonie, nous croyons qu'il sera nécessaire de rétrograder de quelques années. Comme il importe de la circonscrire dans des bornes dont elle ne s'écarte jamais, il faut chercher l'époque où sa pratique s'accordoit le plus avec une théorie simple et en quelque sorte législative. Le systême de la basse fondamentale, malgré ses imperfections, est celui qui remplira le mieux cet objet ; et nous l'adoptons d'autant plus volontiers, qu'il unit la fécondité à la sagesse, et qu'il offre à l'homme de génie des ressources suffisantes

pour produire tous les effets qu'il est raison.
nable d'attendre de la musique. Les innovations introduites récemment dans les accords (*), ou sortent du genre *hymnique*, ou
sont des licences que la philosophie réprouve;
et nous devons bien nous garder de les ad.
mettre, lors même qu'elles seroient réduites
en règles.

Ici les auteurs dramatiques se récrieront
et nous accuseront de vouloir opposer une
digue à leur gloire et à leur génie. Nous som-
mes loin d'avoir cette pensée. Qu'ils songent
bien d'abord que si nous paroissons rétrécir
la carrière, nous agrandissons le cercle de la
renommée, puisque nous les mettons à même
de faire retentir dans tous les coins de la République leurs noms qui ne sont connus que

---

(*) En architecture, l'ordre composite prépara la chûte de
l'art : le goût de la simplicité disparut peu de tems aprés sa naissance ; on tomba dans le bisarre et l'extravagant.

N'est-il pas plusieurs morceaux de musique dont le genre
pourroit aussi s'appeler *composite*, puisqu'on y module à chaque
mesure, et qu'on s'y permet des successions d'accords qu'on re-
gardoit autrefois comme incompatibles, tels que la septiéme di-
minuée et ses renversemens, qu'il n'est pas rare de trouver aujourd'hui dans des passages en majeur, quoique naguère on
convint qu'ils n'appartenoient qu'au mode mineur ?

Si nous admettons la comparaison, quel triste augure pour
la musique !

d'un petit nombre de François ; mais ce n'est pas tout ; nous devons une autre explication à ceux qui voudront poursuivre la route dans laquelle ils se sont engagés. Le genre que nous proposons n'est qu'une addition à leur art. Il promettra, il est vrai, une gloire plus durable, et sera le seul protégé par la nation : mais les autres ne seront pas détruits ; on les laissera subsister tant qu'ils trouveront en eux-mêmes assez de force pour ne pas périr, et ceux qui désireront franchir nos limites en seront les maîtres aussi long-tems qu'ils trouveront des auditeurs.

Si nos villes n'étoient pas en possession de quelques jouissances exclusives, si le luxe n'étoit pas arrivé à un degré d'où on ne peut le renverser sans péril, si Paris étoit moins populeux, et le territoire de la République tellement circonscrit, que les jeux publics célébrés dans son sein pussent être communs à tous les individus qui l'habitent, nous comprendrions sous la dénomination de musique nationale tout ce qui tient à cet art, et nous l'asservirions dans son entier à la surveillance des loix : mais l'impossibilité de réunir tous les François aux mêmes spectacles, et celle non moins grande peut-être de pri-

ver tout d'un coup les oisifs qui peuplent les
grandes villes, d'un plaisir dont ils ont l'habitude, tout fait une loi de ne pas interdire
les drames lyriques et les concerts : c'est une
extrémité fâcheuse. La philosophie gémit de
s'y voir réduite : mais elle s'en console, en
songeant que c'est un venin qui ne peut s'éten-
dre au-delà des grandes cités ; que le contre-
poison sera tout auprès, et qu'il est aisé de
prévoir que ce genre périra de ses propres
excès avant qu'il soit bien long-tems.

Au surplus, elle pourra profiter encore de
son existence. Rien ne l'empêchera de considérer les théâtres comme un laboratoire où
elle ira faire ses expériences et méditer les
moyens de perfectionner, sans danger pour
les mœurs, un art que nous cherchons depuis des siècles, et qui a éprouvé une foule
de révolutions sans être pour cela sorti de
l'enfance.

Que les artistes continuent donc leurs compositions dramatiques; que chacun d'eux s'ouvre une route nouvelle, qu'ils s'abandonnent
à leur verve ; qu'ils fassent l'essai de leurs
innovations ; et qu'elles prospèrent ou meu-
rent selon qu'elles seront plus ou moins ac-
cueillies du public et des philosophes : qu'im-

porte, puisque le genre *hymnique* (*) ne les admettra qu'avec précaution, et qu'il ne sera point ajouté une corde à la lyre sans la participation du législateur ? En un mot, laissons le drame lyrique se détruire par ses propres efforts, et conservons l'art comme en dépôt dans la musique nationale. Qu'il y survive pur comme dans la vigueur de sa jeunesse, et riche en même tems des découvertes que l'expérience et la philosophie auront faites pour lui.

Ce n'est cependant qu'avec beaucoup de répugnance que nous l'autorisons à recevoir des perfectionnemens. Quelquefois l'amour de la nouveauté séduit et fait prendre le change; et, suivant l'immortel auteur d'Anacharsis, dans un état qui se conduit encore plus par les mœurs que par les loix, les moindres innovations sont dangereuses, parce qu'elles en entraînent bientôt de plus grandes. Nous ferons donc en sorte qu'on ne

______

(*) Il est inutile d'observer que par ce mot nous n'entendons pas restreindre notre musique à l'hymne proprement dite : nous l'employons comme un terme générique qui comprend la romance et même la chanson. Les poésies de Pindare, d'Anacréon et d'Horace, portent le nom d'odes, quoiqu'elles réunissent tous les genres dont nous venons de parler.

puisse jamais admettre que celles qui seront véritablement profitables, et nous pousserons la sévérité jusqu'à bannir irrévocablement celles qui dénatureroient absolument la musique nationale, ou qui la détourneroient trop de l'origine que nous lui avons assignée, lors même qu'il seroit bien démontré que ces innovations seroient favorables à l'art. Cette inflexibilité est indispensable pour conserver à nos enfans un des principaux effets moraux de la musique, celui qui résulte du souvenir.

C'est par le souvenir que celle des Chinois a tant de charmes pour eux. Ils ne montrent un si grand attachement à leur mélodie que parce qu'étant composée suivant les principes de la musique ancienne, elle leur fait tout à coup franchir par la pensée les quarante siècles qui se sont écoulés depuis la fondation de l'état. Alors leur antique origine les enorgueillit. Ils regardent les nombreuses années qui ne sont plus, comme une base immuable sur laquelle les siècles futurs s'éleveront à l'infini, jusqu'à ce qu'ils se perdent dans l'éternité (25).

Quomodo cantabimus in terra aliena? répondoient les filles de Sion aux Babyloniens

qui les invitoient, durant leur captivité, à répéter les cantiques qui les avoient rendues si
célèbres parmi les nations. « Comment pourrions - nous répéter, dans une terre étran-
gère, des chants qui nous rappeleroient les
délices et la gloire de Jérusalem ? »

« Le *ranz des vaches*, dit J. J. Rousseau,
est un air si chéri des Suisses, qu'il fut défendu sous peine de mort de le jouer dans
leurs troupes, parce qu'il faisoit fondre en
larmes, déserter ou mourir ceux qui l'enten-
doient, tant il excitoit en eux l'ardent désir
de revoir leur pays. On y chercheroit en vain
les accens énergiques capables de produire de
si étonnans effets. Ces effets, qui n'ont aucun
lieu sur les étrangers, ne viennent que de
l'habitude, des souvenirs, de mille circons-
tances qui sont retracées par cet air à ceux
qui l'entendent. »

Nous pourrions citer bien d'autres exemples pris, et chez les peuples connus, et chez
les peuplades dont la tradition ne se conserve
que dans des chansons. Nous nous contente-
rons d'en offrir un qui a été recueilli par le
citoyen Faujas dans la patrie du célèbre Fin-
gal. Il est trop intéressant par lui-même, et
vient trop bien à notre sujet, pour que

nous ne le donnions pas avec quelques détails (*).

Le citoyen Faujas étoit à Edinburgh, chez
Adam Smith, auteur de la *Richesse des nations*. « Aimez-vous la musique ? lui deman-
da ce dernier. » — « Oui, répondit le voyageur, quand elle est bonne et bien exécutée. »
— « Tant mieux, répliqua le philosophe, je
vous mettrai à une épreuve curieuse pour
moi ; je vous en ferai entendre dont il est
impossible que vous puissiez avoir une idée,
et je serai bien aise de connoître l'impression
qu'elle fera sur vous. »

Le lendemain matin Smith introduisit le
citoyen Faujas dans une salle spacieuse, assez bien éclairée, et remplie de monde. Rien
n'indiquoit que ce fût une salle de concert ;
on n'y voyoit ni pupîtres, ni instrumens, ni
musique, ni orchestre : au lieu de tout cela,
un grand espace vide formoit une espèce d'a-
rène entourée de banquettes sur lesquelles il
n'y avoit que des hommes. « Ce sont, dit

____

(*) Ce qu'on va lire est extrait d'un voyage en Ecosse et aux
îles Hébrides, dont l'auteur a bien voulu nous communiquer
le manuscrit. Cet ouvrage se trouve actuellement chez H. J.
Jansen, imprimeur-libraire, rue des Saints-Pères, n°. 1195.

Adam Smith, des seigneurs qui habitent les îles et les montagnes de l'Ecosse ; ils sont les juges nés du combat musical dont vous allez être témoin, et décerneront le prix du concours. Le morceau que vous entendrez est très-recommandable parmi les Ecossois, et je vous préviens que les musiciens, en quelque nombre qu'ils soient, n'exécuteront que le même air. »

« Quelques minutes après, dit le voyageur, une porte à deux battans s'ouvre, et je vois entrer un montagnard écossois dans son costume de soldat romain, jouant de la cornemuse, parcourant d'un air martial et d'un pas rapide l'espace vide dans toute sa longueur, revenant ensuite sur ses pas, et continuant à marcher de la sorte en tirant les sons les plus bruyans et les plus discords d'un instrument qui déchire l'oreille. »

Le morceau que jouoit le musicien étoit une espèce de sonate divisée en trois parties. Smith invita l'étranger à l'écouter avec toute l'attention dont il étoit susceptible, et à lui rendre compte de ses sensations ; mais sept athlètes s'étoient déja succédés les uns autres, faisant le même bruit et renchérissant sur la démarche et les gestes belliqueux de leurs adversaires, avant que le citoyen

Faujas eût distingué dans le morceau qu'ils jouoient ni air ni intention. La pantomime du joueur de cornemuse lui parut aussi ridicule que les sons de son instrument étoient désagréables, et ce fut avec la plus grande surprise qu'il entendit souvent des battemens de mains, des cris de *bravo*, et qu'il vit des hommes graves et des femmes distinguées verser des larmes vers la fin de la sonate. Enfin, après avoir entendu le huitième, il commença de soupçonner que la première partie étoit une marche guerrière, et qu'elle pouvoit donner l'idée des évolutions qui précèdent le combat. Dans la seconde, le virtuose imitoit par la force et la rapidité de son jeu le bruit des armes, la fureur des combattans, l'horreur d'une mêlée. De là il passoit tout à coup à une espèce d'*andante* ; ses convulsions cessoient subitement ; il paroissoit accablé ; ses sons étoient interrompus, languissans : on pleuroit les morts, on les enlevoit du champ de bataille. C'est sur-tout à ce dernier morceau que les assistans, après avoir partagé l'agitation du musicien, s'attendrissoient avec lui et finissoient par répandre des pleurs.

« Mais tout cela, continue l'auteur, est si bisarre, si extraordinaire (26) ; les impressions

sions que faisoit sur moi cette musique sau-
vage contrastoient si fort avec celles qu'é-
prouvoient les habitans du pays, que je suis
convaincu qu'il faut considérer cette composition moins comme un morceau de musique
que comme un monument appartenant à l'histoire. On ne trouve aucune trace de la langue
écrite de ces peuples ; ce qui fait présumer
qu'ils consignoient les événemens qui les in-
téressoient le plus, dans ces sortes de chants
qu'ils se transmettoient de race en race, et
qui leur rappeloient des souvenirs précieux...
Il ne faut donc pas s'étonner s'ils trouvent de
si grands charmes à les entendre. »

Un grand nombre de faits recueillis par des
voyageurs anglois viennent à l'appui de cette
observation. Voici ce qu'on lit dans Johnston :

« Nous fûmes, selon l'ancienne coutume
du nord, régalés de la mélodie d'une cornemuse. Chaque chose, dans ce pays, a son histoire particulière. Pendant que le musicien
jouoit, un vieillard qui étoit à table nous ra-
conta que, dans des tems reculés, les Mac-
Donalds de Glansary ayant été insultés ou of-
fensés par les habitans de Culloden, et ayant
résolu d'en avoir justice ou d'en tirer vengeance, ils vinrent un dimanche à Culloden,
où trouvant les ennemis au sermon, ils les en-

fermèrent dans l'église, à laquelle ils mirent ensuite le feu ; *et ce que vous entendez, dit-il, est l'air que la cornemuse jouoit pendant qu'ils les brûloient.* »

Ainsi la musique est comme un miroir fidèle où ces peuples revoient les atrocités comme les vertus de leurs aïeux ; et les en priver ce seroit leur ôter les plus grands plaisirs. Cependant le citoyen Faujas assure qu'ils ont une autre musique plus chantante, plus dans les règles de l'art, dont ils font usage pour leurs danses et pour leurs chansons ; mais elle est pour eux bien au-dessous de la première. *Cette musique, lui disoit un jour une jeune personne de l'île de Mull, dont il vante l'instruction et qui jouoit parfaitement bien du clavecin, est bisarre, comparée à l. votre ; mais elle a des charmes puissans pour les Highlandois, puisqu'elle leur rappelle les combats, les victoires, les amours et les actions éclatantes de leurs héros.*

C'est ainsi que chez nous l'*Hymne des Marseillois* et l'air *Ça ira* passeront d'âge en âge, quel que soit le sort de la musique, et quelques révolutions qu'elle subisse. Il n'y aura point d'occasion remarquable dans laquelle on ne les joue, et dans mille ans encore ils rappeleront les époques mémorables de no tre affranchissement ; mais quel heureux présage ce seroit pour la stabilité de nos loix fondamentales et de nos institutions, si le système musical se soutenoit assez pour que dans tous les tems, à toutes les heures, dans tous leurs jeux, dans tous leurs délassemens, nos enfans pussent avoir présente à l'esprit l'origine de leur liberté ! Certes, l'usurpateur qui voudra dans vingt ans renverser le gouvernement actuel, commencera, pour peu qu'il ait d'adresse, par altérer d'abord les chants électriques dont nous venons de parler ; et pour les mieux plonger dans un éternel oubli, il renversera les principes suivant lesquels ils ont été composés. Il n'y auroit peut-être pas d'exagération à prétendre que les destinées de la France reposent en partie sur ces deux airs, et par conséquent on doit prendre les précautions les plus sévères pour les conserver sans altération.

Et qu'on ne croie pas que cette conservation soit impossible : la mode n'eut un si grand empire sur les François que parce que rien n'étoit capable de les attacher sous le regime du despotisme. Légers par indifférence, ils n'avoient rien de mieux à faire que de varier leurs distractions. A l'avenir ils n'auront plus le même intérêt à la frivolité ; ou, s'ils

D 2

conservent encore quelque chose de leur an-
cien caractère, les loix y remédieront facilement.

Comment ne pas penser qu'une musique
agréable, féconde, et susceptible de la plus
grande variété, se conservera sans peine,
lorsque la musique traînante et monotone des
Chinois remonte presque à l'origine du monde, sans que les chefs des différentes dynas-
ties aient pu y introduire de changemens que
dans les surnoms de cet art et la dimensio
des instrumens (27). Et, sans aller si loin,
n'avons-nous pas parmi nous la preuve d'un
étonnante stabilité dans les goûts? Allons parmi les habitans de la campagne, et que le plus
érudit m'enseigne l'époque de quelques-un
de leurs airs. Les plus récens sont ceux de
noëls, qu'on attribue à Caurroy ou Ducaur-
roy, qui vivoit dans le seizième siècle. Beau
coup d'autres se perdent dans la nuit d'une
antiquité si reculée, soit pour les paroles, soit
pour la musique, que Tressan, qu'on sai
avoir été très-versé dans notre littérature ancienne, a cru retrouver dans la bouche de
montagnards des Pyrénées des fragmens de l
fameuse chanson de Roland, neveu de Char
lemagne ; mais on s'obstinoit autrefois à n
voir le peuple françois que dans les villes, e

l'on prenoit pour le caractère national les habitudes corrompues de la minorité.

Non, les François ne sont point aussi in-
constans qu'on a voulu le leur faire croire :
les habits, les mœurs et les plaisirs de la ma-
jorité sont les mêmes depuis un tems immé-
morial ; ou, s'ils ont subi quelques changemens, ils ont été le fruit de quelque force
majeure, plutôt que celui de la volonté. On
en peut juger par la difficulté qu'on éprouve
à rompre les habitudes des villageois, lors
même qu'elles leur sont préjudiciables : *nos
pères faisoient ainsi,* est un axiome qu'on
leur a reproché de tout tems.

La musique nationale sera facilement conservée, si les législateurs se pénètrent bien de
son importance. Jamais les habitans de la
campagne n'y désireront le moindre changement, et ceux des villes trouveront dans les
mélodrames et les concerts de quoi satisfaire
leur légéreté, jusqu'à ce que les mœurs et les
institutions républicaines les aient ramenés
au véritable caractère national.

Mais il est tems de résister à l'attrait que
présente une matière inépuisable. Nous avons
suffisamment démontré que la musique influe
sur les destinées des nations ; que la France
a besoin d'une musique nationale ; qu'elle est

compatible avec la pureté des mœurs champêtres ; que tous les François y ont des dispositions ; qu'elle doit être uniforme pour toutes
les parties de la République ; qu'il faut qu'elle
se borne à l'hymne ; qu'on peut laisser subsister provisoirement, mais sans protection, la
musique dramatique ; qu'il est utile de conserver, par les loix, le genre *hymnique*,
et enfin que cette conservation est aussi possible qu'elle est salutaire. Venons maintenant
à la pratique : donnons de nos moyens d'exécution un apperçu rapide, et seulement ce
qu'il en faut pour que nos vues soient mieux
appréciées du côté de la politique et de la philosophie. Les détails raisonnés d'une organisation aussi vaste et aussi nouvelle méritent
d'être traités dans un ouvrage à part, dont
nous formerons volontiers l'entreprise, si nos
idées générales prospèrent.

N'oublions pas que nous défrichons un terrain neuf, et que l'impatience de récolter ne
nous fasse pas manquer notre but. Songeons
plutôt à bien faire qu'à faire vîte : peut-être,
après avoir jeté le premier plan de notre ma-
chine, aurons-nous la satisfaction de la trouver telle qu'elle puisse bientôt être mise en
mouvement, et produire des effets plus
prompts que nous ne l'avions d'abord espéré.

Le philosophe ne manque pas de livres pour étudier la musique : une bonne méthode est encore à faire pour le praticien. Nous commencerons donc par en reconnoître la nécessité , et nous exigerons qu'elle ne s'écarte que le moins possible des principes de la basse fondamentale. Une fois arrêtée , il ne pourra plus y être fait de changement que par une loi.

Le nombre et le choix des instrumens qui composeront la musique de chaque canton sera également déterminé par une loi, et ne pourra être changé , augmenté ni diminué, que par le même moyen.

Les pièces de musique qui devront servir, soit à régler la marche des gardes nationales, soit à l'ornement des fêtes ou jeux publics, seront reçues par le Corps Législatif (28), sur la présentation de l'institut national , qui les jugera au concours. Aucun air ne sera admis s'il n'est composé suivant les principes qui auront été arrêtés , et adapté à des paroles également jugés dignes de l'admission.

L'exécution des pièces admises à concourir se fera publiquement dans la salle de l'institut national.

Il y aura dans chaque canton un ordonnateur des fêtes , chargé d'enseigner le chant, de faire les répétitions , et de veiller à ce que la musique soit toujours complète.

Il y aura dans les villes où il existoit autrefois des cathédrales ou des concerts, une école pour les instrumens et pour le chant. Cette dernière partie sera consacrée aux personnes qui se destineront aux fonctions d'ordonnateurs des fêtes. On leur procurera, outre les connoissances purement musicales, des instructions relatives à la grammaire et à la poésie, afin qu'elles puissent empêcher que les chants patriotiques ne soient défigurés par une prononciation vicieuse ou par des fautes grossières contre le langage. Ces écoles auront une administration chargée de répartir dans les cantons les instrumens, les musiciens et les pièces nationales.

Elles seront sous la surveillance de quatre *écoles des maîtres*, situées, autant qu'il sera possible, sur les points principaux de la République, chargées de former des professeurs et de leur transmettre la musique et les instrumens nécessaires à leur district.

Elles correspondront à leur tour avec un bureau principal situé à Paris, et qui aura, outre l'administration générale, une école de perfection pour la composition, la poésie lyrique, le chant et les instrumens ; il fournira des professeurs aux écoles des maîtres.

Il sera fait un code pour tous les délits ré-
sultans de l'infraction aux loix relatives au
choix des morceaux de musique , au nombre
des instrumens, à leur nature ; en un mot, à
toute innovation, de quelque genre qu'elle
soit.

Le Directoire tiendra la main à son exécution, et tout particulier pourra dénoncer sa
négligence au Corps Législatif.

Telles sont les bases principales de l'organisation que nous avons conçue. On y remar-
quera d'abord une institution nouvelle, celle
des ordonnateurs des fêtes ; nous la regardons
comme d'une nécessité démontrée, et nous
pensons que leurs fonctions doivent être envi-
ronnées d'une grande considération. Nous
exigeons que celui qui en sera revêtu soit un
homme recommandable par ses mœurs, d'un
âge mûr, sachant assez la musique pour donner des leçons de chant aux personnes en qui
lui et les magistrats reconnoîtront ou une plus
belle voix, ou des dispositions plus apparen-
tes, et enfin assez instruit et doué d'assez de
goût et de philosophie pour donner aux fêtes nationales toute la décence, toute la solemnité, tout l'attrait dont elles sont sus-
ceptibles. Ces sortes d'hommes existent déja
sur plusieurs points de la République : on

trouve presque par-tout des êtres paisibles qui cultivent dans le recueillement les arts et la vertu. Les fonctions d'ordonnateurs des fêtes ont un objet si moral, elles seront d'ailleurs si intéressantes et si honorables (29), que la plupart de ces hommes les accepteront avec empressement et reconnoissance. Ainsi nous avons lieu de croire que dès à présent on en trouveroit un assez grand nombre pour faire l'essai de notre projet, s'ils avoient déja tous les élémens qui doivent entrer dans la composition de leur corps de musique : mais les joueurs d'instrumens manquent par-tout ; et leur nombre devra être si grand, qu'il est naturel qu'on en soit d'abord effrayé. En effet, où trouver tout à coup douze ou quinze musiciens pour chaque canton ? Nous allons donner à ce sujet quelques éclaircissemens que nous croyons propres à rassurer.

Nous avons, dans nos armées, un nombre prodigieux de corps de musique, on pourra les mettre à profit, lorsque la paix rappelera dans l'intérieur les individus qui les composent. Il est aussi plusieurs musiciens qui sont restés dans leurs foyers : unis avec les précédens, auxquels se joindront encore les amateurs qui abondent dans nos villes, et qu'il n'est pas rare de trouver dans nos campagnes, ils donneront la facilité de poser les premiers fondemens de notre édifice d'une manière assez vaste et assez solide pour s'assurer de sa prochaine élévation. Si nous ne trouvons pas au premier moment de corps de musique pour tous les cantons, ils seront du moins assez multipliés pour que leur effet retentissant, pour ainsi dire, à plusieurs lieues à la ronde, on sourie par-tout à l'espoir d'en posséder de semblables. Cela suffira pour imprimer le mouvement simultané dont nous avons parlé précédemment, et auquel nous avons mis un si grand intérêt. Ce seroit donc une folie de diviser les corps de musique, sous prétexte d'en disséminer davantage les élémens. En diminuant ainsi leur effet, on éteindroit infailliblement l'enthousiasme, sans lequel une pareille institution ne peut s'établir. Qu'ils soient organisés de la manière la plus complète, si l'on veut les rendre profitables ; qu'on songe plus à leur puissance qu'à leur quantité. En examinant, d'ailleurs, l'esprit de division et de découragement qui règne dans quelques parties de la France, on est porté à croire non-seulement qu'il n'est pas d'une nécessité indispensable de donner des musiciens à tous les cantons à la fois, mais encore que cela n'est pas à propos.

Nous ne pouvons ignorer qu'il est une infinité d'endroits où l'horreur de la tyrannie de Robespierre, celle des différentes réactions, et la multiplicité des travaux occasionnés par les mouvemens révolutionnaires, ont imprimé un dégoût bien profond pour tout ce qui s'appelle garde nationale : dans ces endroits il faudroit user d'une sorte de contrainte, et ce seroit un grand inconvénient; mais nous n'ignorons pas non plus qu'il en est d'autres qui ont conservé, sinon entièrement, du moins en bonne partie, leur attitude guerrière. Il en est où le vendéisme et la chouanerie n'ont pénétré qu'à la dernière extrémité : on en pourroit même citer quelques-unes qui se sont maintenues inébranlables au milieu de ces fléaux, comme un rocher au milieu des vagues d'une mer irritée (30). Dans plusieurs cantons le sang n'a coulé ni pendant les proscriptions anarchiques, ni pendant les réactions royalistes : honorons ces lieux privilégiés ; récompensons l'amour de la patrie et la constante pratique des vertus ; consolons, indemnisons par une préférence flatteuse, les communes injustement persécutées. Que les premiers accords patriotiques se fassent entendre sur les ruines de Bédouin ; qu'ils raniment la confiance et le courage de ses habitans ; qu'ils dissipent les regrets des malheureux Vendéens qui se montrèrent les plus attachés à la République. Que les murs de Chalonne (31) se relèvent au son des clarinettes et des cors, comme autrefois Thèbes à la voix d'Amphion. En un mot, donnons de l'attrait à notre institution, en la présentant comme une récompense ; bientôt elle excitera l'émulation. L'exemple est un mobile puissant. Les cantons exaspérés soit dans un parti, soit dans l'autre, reviendront insensiblement aux principes de raison et de justice. Ceux qui s'étoient maintenus dans une tiédeur coupable pour la liberté, voyant leurs voisins se distinguer par l'éclat de leurs fêtes, s'électriseront à leur tour, et l'ardeur républicaine gagnera de proche en proche. Ainsi notre nouvel établissement aura jeté des racines d'autant plus profondes, qu'il se sera formé naturellement et sans contrainte ; ainsi nous arriverons à notre but sans confusion et sans trop brusquer les dépenses ; ainsi nous redonnerons de la consistance aux gardes nationales, et nous convertirons au patriotisme par l'attrait du plaisir.

Que les hommes parcimonieux ne viennent donc point se mettre à la traverse. La France

marche à grands pas vers la paix générale ;
ses pertes seront réparées avant que notre organisation soit assez complète pour que les
dépenses qu'elle exigera soient portées au
plus haut point, et nous osons assurer qu'elles ne seront pas une surcharge pour la République. Au surplus, pénétrons-nous bien
de cette vérité, qu'il faut absolument que la
musique féconde ou détruise. Abandonnée à
ses propres efforts, elle est tantôt un torrent
dévastateur, et renverse les institutions les
mieux affermies ; tantôt, semblable à un ma-
rais infect, elle exhale les épidémies morales qui précipitent les états de la corruption
dans le néant. Certes, nous aurons commis
une grande erreur politique, si nous croyons
avoir fait une économie utile en évitant les
frais des digues et des canaux qui, conver-
tissant son cours en une sage irrigation, en
auroient fait une source de fertilité.

N O T E S.

(1) QUELQUES écrivains, page 7.
Voyez le compilateur Laborde dans l'avant-propos qui pré-
cède son *Essai sur la musique ancienne et moderne.*

(2) Les désordres des Cynétiens, page 8.
Il y avoit autrefois dans l'Arcadie un peuple de ce nom; ce
fut le seul qui refusa d'accueillir la musique. Il conserva toute
sa férocité première, et se précipita de plus en plus dans la
dépravation, au point que, d'après le rapport de Polybe, il sur-
passa tout le reste de la Grèce par l'énormité de ses crimes.
Les autres Arcadiens, au contraire, se policèrent par degrés,
et méritèrent le renom de douceur que la postérité leur accorde.

(3) Qu'il n'a pas encore franchies, page 8.
Suivant le missionnaire Amiot, qui a donné un ouvrage fort
estimé sur la musique des Chinois, cet art ne connoît encore
dans la Chine d'autres principes que ceux qu'il avoit 2637 ans
avant J. C.

(4) Toute espèce d'innovation, page 8.
Les Egyptiens bannirent entièrement la musique tendre, molle
et efféminée, pour ne conserver que la musique mâle et forte.
Platon nous apprend, dans le septième livre des Lois, qu'il fut

défendu aux maîtres, de quelque art que ce fût, d'introduire
aucune chose nouvelle.

(5) Sans la participation des magistrats, page 8.

Les éphores condamnèrent à une amende Therpandre pour
avoir ajouté une corde à la lyre, et un musicien étranger *pour ce,*
dit Plutarque, *qu'il touchoit les cordes de sa cithre avec ses doigts.*
Les magistrats de Lacédémone s'élevèrent aussi contre les nou-
veaux accords inventés par Timothée. Ce novateur, est-il dit
page 84 des *Entretiens sur la musique grecque*, mêla dans ses
premières compositions de vieux airs pour tromper la vigilance
des magistrats et ne pas trop choquer le goût qui régnoit
alors ; mais bientôt il ne garda plus de mesure..... Un décret
l'accusa d'avoir blessé la majesté de l'ancienne musique et en-
trepris de corrompre les jeunes Spartiates : on lui prescrivit
de retrancher quatre cordes de sa lyre, en ajoutant qu'un tel
exemple devoit à jamais écarter les nouveautés qui donnent at-
teinte à la sévérité des mœurs. Voyez page 88.

(6) Une science mystérieuse, page 8.

Les Druides ne permettoient pas qu'on écrivît aucune de leurs
leçons ; il falloit les apprendre par cœur, quoique dans tout le
reste on fît usage de l'écriture.

(*Mémoire à consulter pour les anciens Druides*, par l'abbé
Beaudeau.)

(7) Aux Bardes, etc., page 9.

Ils recevoient les leçons des Druides dans des séminaires inac-
cessibles, bâtis au milieu d'un parc, *ædificio circumdata sylva.*
Ils y passoient dix ou douze ans à apprendre à chanter, à jouer
de la harpe, à composer eux-mêmes des poëmes et des chants ;
il falloit en outre qu'ils gravassent dans leur mémoire un nombre prodigieux de vers. Suivant l'abbé Beaudeau, ils montoient
à vingt mille.

(8) Au moyen de la mélodie, page 9.

C'est donner un bien beau nom au chant grégorien, que
Charlemagne

Charlemagne substitua dans les églises au chant ambrosien ; mais il étoit alors considéré comme ce qu'il y avoit de plus religieux et de plus solemnel.

(9) Qu'on introduisît l'harmonie dans les temples, page 10.

On fait remonter l'usage de chanter en parties à l'an 1022 ou environ. On donnoit alors à cette harmonie le nom de *discant*; elle le quitta ensuite pour celui de *contrepoint*.

(10) Du joug de ses tyrans, page 10.

Vers la fin du sixème siècle, un roi d'Irlande se vit obligé de convoquer une assemblée nationale dont le principal objet devoit être l'expulsion et l'entière abolition de l'ordre des Bardes ; mais elle se réduisit à en diminuer considérablement le nombre et les privilèges. On n'exila que les plus séditieux. (*Encyclopédie méth.*)

(11) Lorsque les spectacles furent institués, page 11.

La fin du règne de Charles V ayant vu naître le chant royal ; genre de poésie de même construction que la ballade, et qui se faisoit en l'honneur de Dieu et de la Vierge, il se forma des sociétés qui, sous Charles VI, en composèrent des pièces distribuées en actes.... Une de ces sociétés obtint des lettres-patentes du 4 décembre 1402 pour son établissement à Paris. (*Encyclopédie*, première édition.) On ne chantoit pas encore dans ces pièces : ce ne fut qu'en 1440 que Francesco Boverini fit jouer dans une des places de Rome un opéra intitulé, *la Conversion de saint Paul*. (*Essai sur la musique.*) Le goût de l'opéra se répandit successivement à Vénise, à Florence, etc. Il ne fut institué à Paris qu'en 1669.

(12) Faire trembler le gouvernement, page 13.

Les anciens, beaucoup plus attentifs que les modernes sur toutes les influences morales, avoient cette idée de la musique, que toute nouveauté introduite dans le chant est suivie d'un changement dans l'état, et qu'on ne sauroit toucher aux loix de la musi-

E

que sans toucher à celles du gouvernement : c'étoit l'opinion de Platon et celle de Cicéron.

(*Dialogue sur la musique des anciens* , page 102.)

(13) Le chant d'église plut exclusivement, page 14.

Vers la fin du sixième siècle , Gontran, roi de Bourgogne, désirant que les fêtes qu'il fit célébrer à Orléans à l'occasion du baptême du fils de Chilpéric I, eussent un grand éclat, voulut que les évêques qui mangeoient à sa table fissent venir leurs meilleurs chantres *pour chanter des cantiques et psalmodier pendant le repas.* (*Histoire de la musique* , par Bourdelot.) C'étoit alors le règne du chant ambrosien. Dans la suite, le chant grégorien eut encore plus de vogue ; voici ce qu'on lit dans l'*Encyclopédie méth.* :

« Les premiers airs qu'ils (les Provençaux) composèrent n'étoient qu'une sorte de chants grégoriens ou de simples parodies de chants d'église. A la fin d'un grand nombre de leurs chansons, on trouve le premier verset ou la première parole latine de l'hymne qui leur a servi de modèle. »

(Ginguené, *Encyclop. méth.* , art. *chanson.*)

(14) Sans presque y faire aucun changement , page 19.

On m'a assuré que Martini a pris dans les montagnes des Pyrénées quelques-uns des airs qu'il a placés dans son *Amoureux de quinze ans :* on m'a cité entre autres celui dont les paroles commencent ainsi : *Que j'avions d'impatience* , etc.

(15) Des observateurs superficiels, page 22.

Le dehors inculte de ce peuple et la difficulté d'entendre son langage ont rebuté tous ceux qui cherchoient à l'étudier. Avec un peu de persévérance, ils auroient reconnu en lui des hommes doux, hospitaliers, sobres, laborieux, probes , simples, et d'une moralité dont la source étoit intarissable , puisqu'au dire de bien des gens elle a resisté aux désordres et aux excès de trois années de guerre civile.

(16) Qu'une organisation imparfaite, page 22.

On m'a raconté qu'un naturaliste célèbre disoit : « Si l'on me de-

nande quel est dans la chaîne des êtres l'anneau qui unit le singe
l'homme , je répondrai que c'est le Bas Poitevin. » C'étoit faire
bien légèrement une injure à l'humanité en général, et en particulier à un des peuples les plus estimables de la France.

(17) *Si nous en doutons un moment!* page 23.

«.....Quant à moi , je n'estime point que c'ait été un homme
qui ait inventé tant de biens que nous apporte la musique ; ains
cuide que c'ait été le dieu qui est orné de toutes vertus.........»
(Plutarque, *de la Musique.*)

(18) *Qui se prostitue sur nos théâtres,* page 23.

« Comme s'il étoit de la destinée de la musique de perdre son influence sur les mœurs dans le tems où l'on parle le plus de philosophie et de morale. » (*Entretiens sur la musique grecque,*)

(19) *N'exprime que les généralités,* page 25.

Nos orchestres ont beau faire, ils n'imitent bien parfaitement
ni le bruit des vents , ni celui du tonnerre , ni le murmure des
eaux , ni les accens du rossignol. Si quelquefois ils nous font illusion , c'est toujours avec le secours des décorations ou de la poésie.
La symphonie n'exprime non plus que les généralités , telles que le
calme ou l'agitation , la joie ou la douleur. Dans toutes les sub-
divisions , elle a besoin d'un interprète. J'ai retrouvé cette idée
dans un écrit sur la musique considérée en elle-même et dans ses
rapports. C'est aussi l'opinion du célèbre Tartini (*Trattato di
mus.*, page 141), et voici ce qu'on lit dans l'abbé Barthélemy :
« On doit reprocher encore à la musique actuelle cette douce mol-
lesse , ces sons enchanteurs qui transportent la multitude, et dont
l'expression n'ayant pas d'objet déterminé, est toujours interprétée
en faveur de la passion dominante. » (*Entretiens sur l'état de la
musique grecque,* page 105.) La même chose arrive dans les morceaux d'un autre caractère. Demandez à dix personnes l'interpré-
tation d'une symphonie de Hayden , vous aurez dix réponses différentes : c'est une expérience que j'ai faite.

E 2

(20) *Ne détermine pas assez les idées*, page 26.

L'air, *Vous qui d'amoureuse aventure*, etc. étoit une romance gracieuse ; on l'a mis sur les paroles, *Veillons au salut de l'empire*, etc.; il s'est transformé tout à coup en un air belliqueux. On pourroit citer une foule d'exemples de ce genre contre un petit nombre d'airs tellement prononcés, qu'il est impossible de les tirer de la classe où l'auteur les a rangés. Je disois un jour à Méhul : « Ce qui prouve, à mon avis, que votre *Chant du Départ* est un chef-d'œuvre, c'est qu'il n'est pas possible à celui qui l'exécute d'en changer le caractére. Qu'il presse la mesure ou qu'il la retarde, il n'en fera jamais ni une gavotte, ni une romance, ni rien autre chose qu'un air guerrier. » -- « C'est vrai, me répondit le compositeur, il ne quitte point ses moustaches ; » mais cela ne nuit point à mon texte.

(21) *La générosité après la victoire*, page 28.

Les Lacédémoniens avoient des airs pour exciter leurs phalanges et d'autres pour modérer leur impétuosité. Je ne crains pas d'assurer que c'est la disette de ces derniers qui aida les désorganisateurs à porter autrefois nos soldats au pillage : il leur est facile de profiter de la fougue où les ont précipité *la Marseilloise* et l'air *Ça ira*, pour les porter à des excès que leur raison réprouve quand ils sont de sang froid.

(22) *La mort d'un parent*, page 28.

Sous le règne de Robespierre, les sépultures ressembloient à des bacchanales. Les parens n'osoient s'y montrer qu'en haillons, en bonnet rouge ; et dans cet équipage humiliant, il falloit qu'ils entendissent hurler et qu'ils hurlassent eux-mêmes *la Carmagnole*. Aujourd'hui les convois funèbres se font plus doucement, mais encore sans pompe, et même sans décence.

(23) *Vers sa décadence*, page 34.

Il n'est peut-être pas inutile de rappeler l'histoire des derniers excès de la musique. L'explosion qui se trouve dans le célèbre duo d'*Euphrosine* donna l'éveil aux jeunes compositeurs ; ils renchérirent à l'envi sur ce qu'ils nommèrent les grands effets, et la muſique donna , comme le disent plaisamment les auteurs de la *Décade philosophique* , dans le terrorisme. Il faut donc considérer les mélodrames qui ont paru depuis cette époque , plutôt comme des études que comme des ouvrages faits pour perpétuer la mémoire de leurs auteurs.

Quand les musiciens ſe livreront un peu moins exclusivement à l'expression , quand ils voudront bien se rappeler qu'une copie trop parfaite de certaines passions ne convient point à leur art , dont le principal objet devroit être de charmer , et quand d'un autre côté les auteurs dramatiques seront plus avares de ces situations forcées pour lesquelles le compositeur est contraint à doubler toutes ses ressources , la musique redeviendra sans doute ce qu'il est à désirer qu'elle soit.

(24) Jouoient encore les mystères , page 35.
Quelques contrées du nord de la France.

(25) Se perdent dans l'éternité , page 44.
Tout semble invariable chez ce peuple presque contemporain de la création , et dont la morale est immuable comme ses institutions. « Veut-on savoir , disent les plus anciens auteurs chinois , si un royaume est bien gouverné , si les mœurs de ceux qui l'habitent sont bonnes ou mauvaises? qu'on examine la musique qui y a cours. ... Quand je ſais résonner les pierres sonores qui composent mon *king*, les animaux viennent se ranger autour de moi , et tressaillent d'aise , » disoit l'inimitable Kouei plus de mille ans avant l'existence du ſameux chantre de Thrace , et environ huit siècles avant que parût le célèbre fils d'Antiope. (Amiot.)

(26) Si extraordinaire , page 48.
Le chevalier Dalrymple en jugeoit différemment. Voici ce qu'il dit dans son ouvrage intitulé, *Caractères et mœurs des montagnards d'Ecosse :*
« Leur musique vocale étoit plaintive jusqu'à plonger l'ame dans une mélancolie profonde. Quelques-uns de leurs airs présentoient l'idée grande , mais naturelle , d'une histoire mise en musique ,

telle que les joies du mariage , le bruit d'une querelle , le cliquetis
des armes , la fureur d'un combat , le désordre et la confusion
d'une déroute, le tout couronné par une chanson funèbre, une la-
mentation solemnelle en l'honneur de ceux qui avoient été tués.
La force et la modulation artistement ménagées de la cornemuse,
qui étoit leur instrument de guerre , et dont on jouoit durant
toute l'action , exaltoient leur courage dans une bataille jusqu'à la
frénésie. »

(27) La dimension des instrumens, page 52.

« Comme c'est un point essentiel dans le gouvernement que
chaque dynastie ait sa musique particulière, Kang-hi voulut que
celle des Tartares mantchoux eût aussi la sienne : il la fit composer suivant les principes adoptés dans l'empire , les mêmes que ceux
de l'ancienne musique chinoise. Le seul changement qu'il se permit fut dans la construction des instrumens , auxquels il conserva
cependant leurs anciens noms, leur forme extérieure et leur
usage. »..... Le réglement qu'il publia à cette occasion dans la
cinquante-deuxième année de son règne , est fort curieux ; on le
trouve dans *l'Encyclopédie méthodique*........ « Kang-hi chan-
gea l'épithète de *tranquille* qu'on donnoit à la musique de *Chun*
en celle d'*amie de la concorde*...... La dynastie actuellement ré-
gnante est revenue à l'ancienne musique de *Chun*. Le chef ou
surintendant de cette musique porte le titre de conservateur des
cinq vertus capitales, absolument nécessaires à l'homme comme
membre de la société. » (*Encyclop. méth.*)

(28) Par le Corps Législatif, page 55.

Charles Ier. a fait un édit par lequel il ordonne le rétablisse-
ment de l'ancienne marche des Anglois , laquelle est encore en
usage aujourd'hui pour leur infanterie. Voici un extrait de cet
édit : « Charles, roi : Comme la coutume ancienne des nations a
toujours été d'employer dans les guerres une forme constante de
marche qui distingue une nation d'une autre ; et comme la marche angloise , reconnue par les étrangers même pour la meilleure
de toutes les marches militaires , étoit , par la négligence des tambours, et par une longue discontinuation , si fort altérée et dé-

générée de son ancienne gravité et majesté, qu'elle étoit en danger de se perdre, nous avons jugé à propos de la rétablir par le présent édit. Nous ordonnons à tous les tambours de notre royaume et principauté de Galles, de s'y conformer exactement sans aucune altération ou addition quelconque, afin qu'un usage si antique, si fameux et si respectable, se conserve comme un modèle et un exemple pour la postérité. » (*The Catalogue of royal authors.*)

(29) Si honorables, etc. page 58.

Parmi les Thessaliens, ceux qui gouvernent l'état sont nommés chefs de la danse. (*Anacharsis.*)

(30) D'une mer irritée, page 60.

Les communes de Sens, Gahard, Rimou, Ercé, Saint-Marc, Leblanc, Saint-Aubin, et autres voisines, situées dans le département d'Ille-et-Vilaine, et formant un arrondissement d'environ douze lieues de circonférence, fournissent un modèle de courage et de civisme dignes des plus grands éloges. Depuis deux ans elles résistent aux brigands qui les entourent. Avant que la fin de la guerre de la Vendée eût permis au général Hoche de leur faire passer des troupes, elles avoient établi des postes où elles envoyoient jour et nuit un nombre déterminé de leurs habitans. Ceux-ci, réduits à leurs propres forces, ont repoussé, dans le mois de germinal, quatre mille chouans commandés par Duboisqui, un de leurs chefs les plus cruels, et dont la mort vient d'être annoncée officiellement au Directoire Exécutif. Aujourd'hui qu'on leur a envoyé des secours, ces patriotes aguerris ne se contentent plus de se tenir sur la défensive ; ils s'unissent aux militaires, combattent avec eux, font aux chouans une guerre offensive, et les combattent avec un courage qui les rendra recommandables dans l'histoire de leur pays.

(31) Que les murs de Chalonne, etc., page 61.

Petite ville sur la rive gauche de la Loire, à quatre lieues d'Angers, une des premières du département de Maine et Loire qui se soient formées en garde nationale : ce fut elle qu'on chargea de

commencer la guerre contre les rebelles qu'elle contenoit déja depuis plus d'une année. Ses commencemens ne furent pas heureux.
Obligée de céder au grand nombre, elle essuya les premiers re-
vers ; mais son patriotisme ne fit que redoubler. Dès lors les habitans ne quittèrent plus les armes ; ils formèrent le noyau d'un bataillon existant, qui porta long-tems le nom de *bataillon des pères
de famille*. Ces braves républicains se battoient de franc jeu, et
auroient infailliblement délivré leur pays : Hentz et Francastel les
envoyèrent à l'armée du Rhin, où ils servent encore, quoiqu'ils
ne se fussent organisés en corps de troupe que pour la défense de
leurs foyers. La petite ville de Chalonne étoit un des principaux
objets de la haine des Vendéens ; elle est presque entièrement dé-
truite. C'est dans son voisinage que la guerre de la Vendée a pris
naissance : cette origine est accompagnée de détails curieux et peu
connus,